AF247103

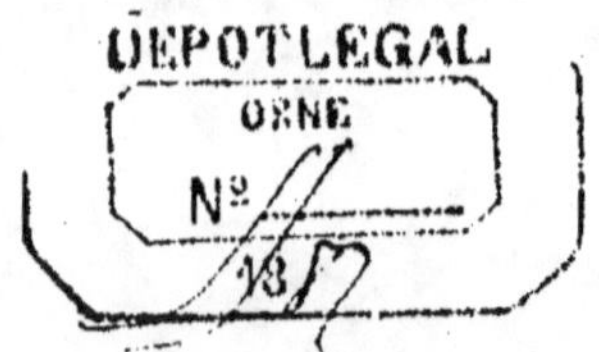

MADAGASCAR

ET

LES PROTESTANTS FRANÇAIS

Extrait de la *Revue chrétienne*

PARIS
BUREAU DE LA *REVUE CHRÉTIENNE*
11, AVENUE DE L'OBSERVATOIRE, 11

1887

MADAGASCAR

ET

LES PROTESTANTS FRANÇAIS

Extrait de la *Revue chrétienne*

PARIS

BUREAU DE LA *REVUE CHRÉTIENNE*

11, AVENUE DE L'OBSERVATOIRE, 11

1887

MADAGASCAR

ET

LES PROTESTANTS FRANÇAIS

Les circonstances qui ont provoqué la réunion du 2 mai dernier dans la salle de la mairie du VIe arrondissement sont connues. Dans cette même salle, le 15 avril 1887, M. de Mahy, député de l'île de la Réunion, avait pour la première fois, à Paris, développé dans une conférence publique ses attaques passionnées contre ce qu'il appelle le protestantisme méthodiste, désignant par là toute la fraction du protestantisme français connue sous le nom peu exact d'orthodoxe. Il avait accusé cette fraction d'avoir pesé par des démarches positives sur le gouvernement de la République pour contrecarrer sa politique dans l'affaire de Madagascar. Il avait ensuite prétendu trouver l'inspiration et le motif de ces démarches dans deux publications, dont l'une, due à M. le pasteur Horace Monod, remontait à plus de dix ans, et dont l'autre, la brochure de M. Saillens, aurait la valeur d'un manifeste. Enfin, prenant à partie la Société des Missions évangéliques, il lui reprochait d'avoir eu plus souci de ses préférences confessionnelles que des intérêts de la France en se refusant à envoyer des missionnaires à Madagascar, au plus fort de 'a dernière guerre avec les Hovas. En définitive toutes les accusations de M. de Mahy en reviennent à mettre en cause le patriotisme de la fraction considérable du protestantisme désignée par lui. On n'a pour s'en convaincre qu'à relire le discours qu'il a prononcé à la Chambre des députés, dans la séance du 27 février 1887, à l'occasion du dernier traité entre la France et les Hovas. On y trouve le thème du réquisitoire qu'il porte de ville en ville contre ce qu'il appelle « une brigue de riches et dévots personnages devenue un vrai pouvoir dans l'Etat et jouant dans nos relations extérieures le rôle que jouaient sous l'ancienne monarchie nos ultra-catholiques ultramontains, unis qu'ils sont à leurs coreligionnaires étrangers par un lien plus fort dans leur cœur que l'amour de la patrie. Ils sont aujourd'hui vis-à-vis des puissances protestantes ce qu'était autrefois l'ultramontanisme vis-à-vis de l'Espagne — c'est-à-dire une ligue nouvelle ».

Il pourrait suffire pour écarter cette fantasmagorie plus faite pour égayer que pour effrayer, de mettre au défi M. de Mahy de citer un fait, un seul fait à l'appui de ses assertions. Il ne lui sera pas possible de produire un seul indice d'une démarche quelconque auprès d'un ministre, parce que rien de pareil n'a été tenté et ne pouvait l'être. La Société des Missions évangéliques est entrée une seule fois en pourparlers avec M. le ministre des affaires étrangères pour lui offrir, aussitôt la guerre finie, d'envoyer un délégué à Madagascar pour étudier dans quelle mesure son action serait possible.

Quand nous aurons ajouté qu'aucune solidarité n'existe entre les publications isolées dont M. de Mahy fait tant de fracas et les protestants qui font les frais de sa polémique, nous sommes en droit de conclure qu'il ne reste plus rien de son acte d'accusation, sinon une de ces vagues incriminations que l'on peut restreindre ou étendre à son gré, d'autant plus injustes qu'elles sont plus insaisissables.

Nous aurions pu nous contenter de cette réponse succincte, mais comme l'honorable député ne se lasse pas de donner des développements étendus à son réquisitoire et qu'il le promène d'un bout du pays à l'autre, nous étions tenus de lui opposer une réfutation en règle. Nous l'avons fait, mes amis et moi, dans la séance du 2 mai 1887, avec fermeté et courtoisie, mais cette courtoisie ne pouvait pas aller jusqu'à transformer la réunion de ce jour en débat contradictoire, parce que nous n'en avions pas le droit légal. Nous n'avons fait en ceci qu'imiter notre contradicteur.

Nous soumettons avec une parfaite confiance nos réponses à l'opinion publique, assurés qu'elle les trouvera aussi péremptoires que loyales. Nous sommes bien décidés pour notre part à regarder désormais comme nulles et non avenues des attaques aussi injustifiées que celles que nous avons relevées. Quant à ce qui concerne notre patriotisme, nous rougirions d'y insister.

E. DE PRESSENSÉ,
Sénateur.

DISCOURS DE M. DE PRESSENSÉ

Mesdames, Messieurs,

Ma première parole sera pour remercier M. le maire du VIe arrondissement de nous avoir accordé pour ce soir cette même salle où le protestantisme français avait été l'objet d'attaques aussi injustes que passionnées, nous permettant ainsi d'exercer sans délai notre droit de légitime défense. Nous en userons sans provoquer, pas plus que notre honorable adversaire ne l'a fait, de débat contradictoire, tout en y étant prêts pour toute autre occasion, après avoir accompli les formalités nécessaires.

Vous savez, Messieurs, quel est le point du débat. L'honorable M. de Mahy, député de l'île de la Réunion, poursuit avec son talent ordinaire, sur tous les points du pays, une campagne de conférences destinées à critiquer le dernier traité passé entre le gouvernement français et la reine des Hovas, dans l'espoir de provoquer un mouvement d'opinion qui pousse la France à entreprendre la conquête de l'île entière de Madagascar. Il use ainsi du droit le plus légitime dans un gouvernement d'opinion. S'il s'en était tenu là, nous n'éprouverions nul besoin de le combattre en dehors du Parlement; mais, vous le savez, il a trouvé bon, à cette occasion, de mettre en cause une fraction considérable du protestantisme français, sans qu'on ait jamais su ce qu'il désignait sous le nom élastique de méthodisme. Il l'a accusée d'avoir, dans cette question de Madagascar, sacrifié la patrie à l'esprit sectaire, en se mettant au service de la politique de l'Angleterre pour favoriser les missionnaires de cette nation, dans lesquels il ne veut voir que des courtiers de sa politique, et cela au détriment de l'intérêt de la France. Dans notre conviction profonde, cette accusation qui nous blesse au cœur, est sans aucune espèce de fondement : c'est une pure chimère, un mirage colonial, si je puis ainsi dire.

Nous sommes ici pour lui opposer une réponse péremptoire, fondée non sur des raisons de sentiment, mais sur des faits positifs, incontestables. Nous le ferons avec la modération qui nous convient, évitant toute personnalité blessante, convaincus que notre honorable contradicteur a été le premier abusé par de faux renseignements. Je connais trop sa loyauté, moi qui ai vécu cinq ans avec lui dans la confraternité des grandes luttes qui ont abouti, à l'Assemblée nationale, à la fondation de la République, pour douter que, mieux informé, il renoncera à des accusations dont il devra reconnaître le néant. Mes amis, M. le pasteur Hollard, M. Boegner, directeur de la Maison des Missions protestantes françaises, et M. Frank Puaux, délégué de Tahiti au Conseil supérieur des colonies, se sont chargés de réfuter les principaux arguments de M. de Mahy. Je me borne à marquer en quelque sorte notre ligne de défense.

Je ferai une remarque préliminaire. De quel droit mettre en cause le patriotisme d'une catégorie quelconque de citoyens, parce qu'ils ne partagent pas l'opinion de l'honorable député de la Réunion sur la question de Madagascar? M. de Mahy sait parfaitement qu'avant et après la chute du ministère Ferry, une fraction importante du parti républicain, à commencer par le parti radical tout entier, avec de nombreux alliés de la droite, a combattu ardemment notre expansion coloniale. Il le sait si bien qu'il a prononcé à la tribune de la Chambre des députés un discours mémorable, auquel j'ai applaudi tout le premier, parce qu'il se tenait dans une juste mesure et n'incriminait les intentions de personne. Jamais il ne lui est venu à la pensée d'accuser ses collègues les plus passionnés dans leur opposition à l'expansion coloniale d'être de mauvais Français. De quel droit suffirait-il d'être protestant en partageant leur avis pour être accusés de manquer au patriotisme? Cela est d'autant plus injuste, qu'il se trouve qu'il n'y a eu à cet égard aucune unanimité entre les protestants, et que les députés ou sénateurs qui ont suivi MM. Georges Perin et Clémenceau appartenaient précisément, sauf quelques rares exceptions, à la fraction du protestantisme que M. de Mahy met hors de cause. Qu'on consulte le scrutin mémorable du 24 décembre 1885 sur l'abandon du Tonkin ! Celui-là même qui a l'honneur de présider cette réunion a, comme membre de la commission du Sénat, contribué à la forte majorité qui, à mon sens, a rendu un vote réparateur dans cette grave question. Les crédits pour l'expédition de Madagascar ont rencontré les mêmes résistances et les mêmes adhésions.

Je sais bien que ce n'est pas assez pour notre honorable contradicteur et que ce qu'il nous reproche le plus c'est d'être contraires à la conquête de l'île entière ; mais alors qu'il s'en prenne à la majorité dans les deux Chambres, qu'il s'en prenne au pays dans son ensemble qui, bien que décidé à ne rien perdre des résultats obtenus au prix de tant de souffrances, trouverait insensé de se lancer à l'heure actuelle dans de nouvelles entreprises, — je dis à l'heure actuelle et vous me comprenez !

Je ne conteste d'ailleurs à personne le droit de penser autrement et je ne me reconnais aucun titre pour accuser d'antipatriotisme une politique qui me paraît imprudente, mais à la condition que la prudence ne soit pas traitée d'une manière différente.

Il se peut fort bien qu'il y ait des protestants qui pensent comme M. de Mahy, et je ne les en blâme pas. Le protestantisme, qui admet la diversité, fruit naturel du libre examen, dans les plus hautes questions religieuses, ne peut que la respecter dans la sphère sociale. Et ceci m'amène à une observation que je crois décisive. Ces accusations en bloc lancées au protestantisme français n'ont aucun sens, car c'est lui supposer une solidarité qui ne peut exister. Quand M. de Mahy par exemple — et c'est un de ses grands chefs d'accusation — cite tel ou tel mot d'une brochure publiée il y a plus de vingt ans par l'honorable pasteur Horace Monod, ou bien quand il voit le manifeste de toute une fraction du protestantisme français dans la brochure de M. Saillens dont il force le sens comme on l'établira, il crée une solidarité qui n'existe que dans son imagination et il commet une injustice inexcusable. Cela est si vrai que, pour ma part, j'ai toujours fait les réserves les plus expresses sur ladite brochure.

Quel est donc le parti qui accepterait qu'on lui impute tout ce qui a pu être écrit pendant vingt ans par un de ses membres quelconque ? Ce n'est pas en tout cas celui auquel appartient M. de Mahy ? Ainsi croule l'échafaudage de sa principale argumentation, car il me permettra de ne pas prendre au sérieux ses assertions sur je ne sais quelle agence biblique politico-religieuse soutenue par l'Angleterre au profit de ses intérêts avec la connivence des protestants français. Je plains ceux qui lui ont donné de tels renseignements, car après avoir reconnu leur inanité il leur témoignera sans doute la reconnaissance qu'ils méritent. Qu'il me permette de lui dire que ses assertions sur l'omnipotence du protestantisme français pour gouverner notre pays seraient de nature à tempérer par une franche gaieté la peine très réelle qu'il nous a faite en incriminant notre patriotisme.

C'est cette accusation-là que nous ne pouvons supporter. Je sais bien que mon honorable ancien collègue se respecte trop pour ramasser dans son ardente polémique une calomnie odieuse que je trouve reproduite dans le journal intitulé : *Madagascar*, qui se vend aux portes de cette mairie. Cette feuille anonyme ne tient pas mieux compte du démenti formel infligé au journal qui, en 1885, avait accusé les protestants présents à l'assemblée œcuménique de l'Alliance évangélique, réunie à Copenhague, d'avoir accepté silencieusement une indigne attaque contre leur pays ; elle ose rééditer de nouveau cette assertion mensongère en m'y comprenant. A cette infamie j'applique le mot de Pascal à la compagnie de Jésus : *Mentiris impudentissime*, car non seulement nous ne nous sommes pas tu, mais notre indignation a dépassé les bornes, ce dont je ne me repens point — et nous avons obtenu une rétractation publique du malencontreux orateur qui avait exalté l'Allemagne à nos dépens.

Pour en revenir aux assertions de M. de Mahy, elles suffisent pour soulever en nous une douleur indignée qu'un patriote comme lui devrait comprendre. Ignore-t-il que le patriotisme est une tradition si vivace des protestants français, qu'aux jours mêmes de la plus abominable persécution, jetés sur tous les points de l'Europe pour cette espèce de politique coloniale que pratiquait l'ancienne monarchie et qui consistait à envoyer dans les pays rivaux l'une des parties les plus saines et les plus laborieuses de la bourgeoisie française — traqués comme des bêtes fauves, décimés, ou ramant sur les galères du roi, ils ne cessaient pas de prier pour la patrie. Aussi celle-ci dans un vote mémorable de la Constituante de 1789, a-t-elle reconnu comme fils de la France tous ces proscrits jusque dans leur dernière descendance, et cette grande réparation due à ce généreux patriotisme vient d'être confirmée par le Sénat dans la loi sur la naturalisation.

Quand a-t-on vu le protestantisme français manquer à cette noble tradition ? N'avons-nous pas marché avec notre pays au jour des suprêmes épreuves, partageant ses douleurs et ses luttes, saignant de ses blessures. N'avons-nous pas le droit de dire que nous n'avons de leçon de patriotisme à recevoir de personne ?

Ce patriotisme se concilie parfaitement avec la distinction profonde entre la politique et la religion. Ce n'est pas y manquer que de ne pas vouloir mettre la seconde au service de la première, en envoyant par exemple des missionnaires en même temps que des boulets de canon à des peuplades auxquelles nous pouvons être forcés de faire la guerre. Il vous sera montré tout à l'heure à quel point nos missions protestantes françaises servent le véritable intérêt du pays, en suivant pas à pas notre expansion coloniale, mais en n'employant jamais que les armes spirituelles, seules dignes de la guerre de la lumière contre les ténèbres. Ce n'est pas manquer de patriotisme que de ne jamais oublier le droit des faibles, de ne jamais vouloir traiter la créature humaine comme une matière vile, et enfin que de se souvenir que la religion en soi n'est pas plus nationale que la morale. En agissant ainsi, sachez-le, nous sommes dans la vraie tradition de la France moderne et nous appliquons les plus purs principes de 1789 qui, sur ce point, sont en plein accord avec l'Evangile.

Tenez, permettez-moi de vous le dire en finissant. Il y aurait à l'heure présente une inopportunité aussi cruelle qu'injuste à renouveler les accusations qu'on ne nous a que trop prodiguées. Est-ce que vous croyez que tout en approuvant la fière réserve de notre France en face des agressions que vous savez — nous ne sentons pas frémir au dedans de nos âmes comme vous le sentez vous-mêmes, cet amour ardent, douloureux de la patrie qui est prêt à tout souffrir pour elle? J'en ai dit assez, et quiconque a un cœur français me comprendra et m'approuvera !

DISCOURS DE M. HOLLARD

Mesdames, Messieurs,

Dans la conférence qu'il a donnée ici même, le vendredi 25 avril, sur *Madagascar et les missionnaires anglais*, l'honorable M. de Mahy ne s'est pas borné à parler des missionnaires anglais, à propos de Madagascar, il a aussi parlé des protestants français et il a nettement mis en cause le patriotisme d'un certain nombre d'entre eux. Je dis d'un certain nombre d'entre eux, pour rester dans les strictes limites des termes de l'accusation ; seulement j'ajoute que la fraction du protestantisme que M. de Mahy avait en vue doit bien avoir, à ses yeux, une certaine importance, même au point de vue du nombre, puisque l'orateur n'a pas hésité à attribuer à son influence ce qu'il appelle les timidités, les défaillances de la politique française à l'égard de Madagascar dans ces dernières années, et le fait que cette politique, au lieu d'avoir pour résultat, comme l'eût voulu M. de Mahy, l'annexion, partielle ou totale, de la grande île africaine à notre domaine colonial, n'a abouti qu'au traité du 17 décembre 1885, lequel n'a consacré, comme vous le savez, que le protectorat de la France sur Madagascar.

Quelques protestants, qui assistaient comme moi à la conférence de M. de Mahy, ont été singulièrement étonnés de la part d'influence qui leur était attribuée en cette question de Madagascar, à eux ou à un certain nombre de leurs coreligionnaires. Mais ils ont été plus blessés encore que surpris en voyant ce même groupe, d'ailleurs assez mal délimité de protestants français, accusé d'avoir, en cette question, au mépris des droits et des intérêts de la patrie, conspiré en faveur de la politique anglaise.

Je n'exagère rien. C'est bien là l'accusation qui a été portée ici le 15 avril et que M. de Mahy va répétant de ville en ville ces derniers mois, en dépit des dénégations et des preuves qui lui sont opposées. C'est celle qu'il avait déjà produite dans son discours à la Chambre, le 27 février de l'année dernière, lors de la discussion du traité de décembre 1885. C'est celle qu'il a renouvelée le mois suivant dans sa Préface au livre de M. Raoul Postel sur Madagascar. Voici ce que je lis dans cette Préface au sujet du même groupe de protestants :

« Minorité infime par le nombre, mais considérable par la situation de leurs membres au milieu de notre société libre penseuse ou indifférente, ils se sont presque entièrement emparés, grâce à notre inadvertance, de la direction de nos forces ; ils ont eu l'art de les faire tourner à la propagande de leur foi, à l'extension de leur influence, à l'accaparement des places pour leurs adhérents. Ils mettent le grappin sur nous. La foule des libres penseurs est leur armée ; eux sont les cadres et les chefs... Ils sont en train de devenir les maîtres en France... Quand la part pourra être faite du poids dont ils ont pesé sur les destinées de la France dans les événements contemporains, on en sera stupéfait. Dans l'Ouest africain, par exemple, ils ont été avec Stanley contre Brazza. A Madagascar, ils sont avec les Anglais et les Hovas contre les autres populations de l'île et contre la France. Ils ont décidé que Madagascar doit être un Paraguay protestant et qu'il doit être arraché à la France (1). »

Ce sont là les affirmations que M. de Mahy a reproduites ici même. Il hésitait, nous disait-il, avant de toucher à un sujet qu'il trouvait très délicat. Je le comprends. En tout temps c'est une chose grave qu'une pareille dénonciation appliquée à des concitoyens. Mais qu'est-ce donc aujourd'hui, où tout, dans nos circonstances intérieures et extérieures nous commande l'union, et quand d'un jour à l'autre, une dénonciation de cette

(1) *Madagascar*, par Raoul Postel, Préface, p. xxxii-xxxv.

nature peut avoir, pour ceux que vous accusez de sacrifier leur patriotisme à leur foi religieuse, des conséquences dont vous ne voudriez pas prendre la responsabilité? Qu'est-ce donc aussi quand, ainsi qu'en témoigne un document que vous connaissez, car il vous a été cité dans la brochure qu'un honorable pasteur de Dijon a publiée en réponse à l'une de vos conférences (1), ces protestants français, appelés, en 1872, à reprendre certains rapports de l'ordre religieux avec des protestants d'Allemagne, ont déclaré qu'ils ne le pouvaient pas, attendu qu'il y avait entre eux un acte de violence que ces protestants n'avaient point désavoué, et que l'on ne pouvait se réunir autour d'une formule religieuse quand on différait profondément sur une question fondamentale de l'ordre de la justice ? (2) Qu'est-ce donc enfin qu'une pareille dénonciation quand elle repose sur des preuves en face desquelles nous ne pouvons éprouver qu'un seul embarras en ce moment, c'est l'embarras qui résulte de leur pauvreté même, oui, de la difficulté que nous aurons à les étreindre avant de les réfuter?

Je l'essaierai pourtant. C'est pour cela que je suis ici, avec mes amis. Il nous a fallu, vous pouvez m'en croire, pour ne pas interrompre dix fois l'honorable orateur qui parlait ici le 15 avril dernier, une forte dose de patience et, par moments aussi, de bonne humeur, car il y a des affirmations tellement excessives qu'elles portent en elles-mêmes le remède à l'indignation qu'elles pourraient autrement provoquer. C'est sans doute de cette patience et de cette bonne humeur que M. le Maire de cet arrondissement a tenu compte quand il a bien voulu, avec l'assentiment de M. le Préfet de la Seine, nous accorder l'usage de cette salle pour notre légitime défense. Je voudrais l'en remercier à mon tour, non seulement en lui disant merci, mais en ne prononçant pas ici une seule parole qui ne tende à cette patriotique concorde, dont nous avons aujourd'hui plus besoin que jamais.

(1) *Le protestantisme et les colonies*, par Z. Arnal, pasteur de l'Église reformée de Dijon. Paris 1887.
(2) Voir la *Revue chrétienne* de 1872, p. 387-391.

Quels sont donc les faits sur lesquels M. de Mahy a prétendu fonder ses accusations?

Il en est un sur lequel je n'aurai pas besoin de m'arrêter longtemps. Il existe, a-t-il dit, en Angleterre, une Société qui s'appelle la *Société biblique britannique et étrangère.* Cette Société a une agence à Paris. Cette agence, dirigée par un protestant français, M. Gustave Monod, a pour but avoué la vente des saintes Ecritures, notamment par le colportage. Mais, a ajouté M. de Mahy, sous ce but avoué il y en a un autre, le principal, à ses yeux, qui est de propager dans nos villes et dans nos campagnes, sur notre politique coloniale, les vues les plus conformes à l'intérêt anglais, c'est-à-dire des vues hostiles à notre politique coloniale, et là-dessus M. de Mahy a allégué l'existence, dans le rapport annuel de la Société, d'une carte de France, qu'il nous a montrée et dans laquelle la France est divisée, par des mains anglaises, en six grandes régions !

En vérité, Mesdames et Messieurs, je trouve M. de Mahy bien modéré dans ses conclusions, car ce n'est pas Madagascar, c'est la France qui est ainsi divisée en six lots, et qui sait si cette division n'a pas un caractère profondément stratégique ? Qui sait si chacun des cinquante ou soixante colporteurs qu'emploie dans notre pays la Société biblique, ne cache pas sous sa blouse l'uniforme rouge d'un général anglais et si, grâce à M. Gustave Monod et à ses prétendus vendeurs de Bibles, la France ne va pas se réveiller un beau matin garrottée aux quatre membres par les Anglais !

Mais, pour parler sérieusement — autant que cela est possible en face d'une pareille argumentation — qu'y a-t-il au fond de tout cela? Il y a qu'une Société anglaise, sans aucune attache officielle, qui n'a jamais reçu et ne recevrait jamais aucun subside du gouvernement anglais, et dont la mission unique est de répandre les saintes Ecritures dans les cinq parties du monde, a une agence à Paris, comme elle en a une à Bruxelles, à Vienne, à Florence et ailleurs. Cette agence a à sa tête un citoyen français; les colporteurs placés sous ses ordres sont tous des Français, souvent d'anciens soldats. Leur charge exclusive est de vendre des Bibles et des Nouveaux

Testaments. Il leur est expressément défendu de s'occuper d'autre chose. J'ai ici leurs règlements; il y a un article dans ces règlements qui leur interdit, sous peine de destitution immédiate, de se livrer à aucune controverse religieuse et à plus forte raison politique. Chacun de ces colporteurs est en rapport avec l'un des pasteurs de la région où il travaille. Étant pasteur à Bordeaux, j'ai eu moi-même un de ces colporteurs sous ma direction; je puis affirmer que cet article de leurs règlements n'est pas une lettre morte.

Où y a-t-il place, dans tout cela, pour une action politique? Et si, malgré tout, cette action politique s'exerce, où donc M. de Mahy en a-t-il signalé la moindre trace? Nulle part, car il est bien évident que cette carte, où la France est divisée en six régions, n'a pas d'autre but que de faciliter à l'agent français de la Société biblique le rapport qu'il a à faire sur le nombre de Bibles et de Nouveaux Testaments qui ont été vendus, annuellement, dans ses dépôts et par ses colporteurs dans les diverses parties de la France. En vérité, il ne resterait à M. de Mahy, pour établir sa thèse, en ce qui touche la terrible Société qu'il a en vue, que de retrouver dans les Bibles et les Nouveaux Testaments que répandent ses colporteurs, des allusions transparentes à notre politique coloniale, au point de vue anglais! C'est à quoi, je le reconnais, il n'a pas songé.

Je passe donc à quelque chose de plus sérieux, ou de moins futile.

L'honorable député de la Réunion a allégué, pour établir l'action qu'auraient exercée en France, et dans le sens des intérêts anglais, certains protestants français, au sujet de Madagascar, une réunion qui s'est tenue dans l'automne de 1884, à Paris, à l'hôtel du Louvre. Dans cette réunion, convoquée par un avocat anglais, M. Alexander, et où se seraient trouvés, a dit M. de Mahy, des missionnaires de la *Société de Londres* (Société de laquelle dépendent la plupart des missionnaires anglais de Madagascar), des membres de la *Société biblique*, des pasteurs français et des députés protestants français, la question de Madagascar aurait été exposée, au point de vue anglais ; la France « absente » aurait été jugée, « jugée sur pièces, sans avoir été entendue », et une action, en France, dans le sens de la politique anglaise, décidée.

Mesdames et Messieurs, je puis vous parler de cette réunion, car j'y étais. Mon ami, M. Boegner, y était aussi. Nous étions, si je ne me trompe, les deux seuls pasteurs qui y assistassent. Il ne s'y trouvait, d'ailleurs, aucun membre de cette fameuse Société biblique dont le spectre semble poursuivre partout M. de Mahy. Il ne s'y trouvait non plus aucun missionnaire de la Société de Londres. Seulement nous avions avec nous un ancien missionnaire anglais à Madagascar, appartenant à la *Société des amis,* dont je vous parlerai tout à l'heure. Trois députés assistaient à la réunion. Je crois bien que sur les trois il y en avait au moins un qui n'était pas protestant. Nous étions environ douze personnes, diverses de croyances religieuses et d'opinions coloniales, et sans aucun mandat de qui que ce soit. Je ne me rappelle pas tous les noms de ceux qui ont participé à cette réunion ; aucun d'eux n'a d'ailleurs le moindre désir de cacher le sien et n'y aurait le moindre intérêt. Vous allez bien le voir.

Savez-vous, en effet, qui était celui qui nous avait réunis ? C'était un Anglais, je le confesse, mais un Anglais qui appartient à cette *Société des amis* dont nos départements de l'Est (ceux qui nous sont restés) ont bien gardé le souvenir, car en 1871, ayant perdu par la guerre, avec la moisson de l'été précédent, les semailles qu'il leur aurait fallu pour la moisson prochaine, ils avaient vu venir à eux quelques délégués de cette Société, accompagnant de nombreux wagons chargés de blé, et grâce à ces hommes généreux ils purent faire, cette année-là, leurs semailles comme à l'ordinaire. Cette Société a un caractère humanitaire fortement marqué. Elle prend volontiers la défense des faibles contre les forts, des persécutés contre les persécuteurs, des vaincus contre les vainqueurs. Elle estime que le devoir des races civilisées n'est point d'exploiter et encore moins d'écraser les races barbares, mais de les humaniser. Elle professe l'horreur des moyens violents et pousse cette horreur jusqu'à l'utopie, puisqu'elle n'admet la guerre en aucun cas.

Elle est, en Angleterre, l'adversaire décidée de la politique coloniale, quand celle-ci s'exerce par la violence. Elle a protesté contre la guerre de l'Angleterre en Afghanistan, chez les Zoulous, en Chine et, avec la dernière énergie, contre le honteux commerce de l'opium, imposé aux Chinois à coups de canon.

Et quand un homme professant de tels principes, peut-être un peu naïfs, mais à coup sûr généreux, venait à nous et nous disait : « Votre pays est engagé dans une guerre déjà meurtrière et qui menace de le devenir beaucoup plus encore. Etes-vous certain que les droits sur lesquels vous vous appuyez pour la poursuivre soient bien établis ? Je viens vous apporter, sur ces droits et sur le peuple auquel vous faites la guerre, des informations que, peut-être, on ne vous a pas données. Je voudrais en saisir quelques-uns de vos hommes politiques et j'ai l'espoir que, quand ils les auront, ils profiteront, dans le Parlement, de la première occasion qui leur sera offerte, non pas pour proposer l'abandon de Madagascar par la France, mais pour chercher le terrain d'une transaction qui laisserait aux Malgaches une indépendance relative et qui permettrait à la France de conclure avec eux une alliance qui profiterait à son commerce sans léser l'humanité. » — Quand un tel homme venait nous tenir un tel langage, nous lui aurions dit : Retirez-vous, nous ne voulons pas vous écouter ! Voilà qui n'aurait pas été français, et j'ajoute voilà qui n'aurait pas été honnête !

Notre réunion a donc eu lieu. On a dit que « la France y était absente ». Je ne sais pas, je ne veux pas savoir ce que signifie un tel langage. Ce que j'affirme, c'est qu'il n'y a pas été question de l'Angleterre et qu'il n'y a pas été prononcé une parole qui ne fût pleine de respect pour notre patrie ; aucun de nous ne l'eût souffert, et moins que personne l'honorable député qui nous présidait, M. Frédéric Passy. Nul, d'ailleurs, dans notre réunion, n'eût été tenté de prononcer une telle parole. Des documents y ont été lus, des informations y ont été demandées et données. La seule conclusion qui ait été tirée de la lecture de ces documents et des informations reçues, a été qu'il serait bon que le public, et surtout le Parlement, fussent mis à même d'être éclairés sur certains points obscurs de la question malgache, et cela en vue d'une transaction qui pourrait être désirable. L'un des assistants fut prié de rédiger une brochure où les informations reçues seraient reproduites et complétées, et qui serait, ainsi que le disait M. Frédéric Passy, une sorte de procès-verbal de notre réunion. Puis les assistants se séparèrent. Ils ne se sont plus réunis depuis lors.

Je vais en venir au *procès-verbal* dont j'ai parlé ; mais avant d'y venir je demande : Y avait-il rien dans le fait et dans la nature de cette réunion qui ressemblât à une sorte de conspiration du protestantisme français en faveur de l'Angleterre et contre la France ? Y avait-il rien dont pût prendre ombrage le patriotisme le plus ardent et le plus susceptible ? Et voilà pourtant l'un des principaux arguments que M. de Mahy invoque contre nous !

Je continue. Le *procès-verbal* de notre réunion a paru. Il est devenu, je le reconnais, sous la plume de M. Saillens, quelque chose de plus qu'un procès-verbal ; c'est-à-dire qu'il est devenu un livre qui contient, avec une histoire succincte des prétentions de la France *à la possession* de Madagascar, une conclusion contraire à ces prétentions. C'est cette conclusion qui vous a été citée ici-même par M. de Mahy.

L'honorable député a voulu voir dans le livre de M. Saillens une sorte de manifeste du protestantisme français, ou d'une fraction de ce protestantisme français sur la question de Madagascar. Il ne l'est à aucun degré. *L'auteur de ce livre en revendique seul toute la responsabilité* (1).

Ajoutons que cette responsabilité, sur laquelle nous insistons, n'est pas aussi lourde à porter qu'il pourrait le sembler d'après le résumé que M. de Mahy donne de ce livre.

M. de Mahy s'est indigné de la thèse de M. Saillens touchant le droit de la France à la possession de Madagascar. Il semble lui en attribuer l'invention et la propagation dans notre pays. Or cette thèse est exactement celle que soutenait à la Chambre, le 27 mars 1884, c'est-à-dire un an avant l'apparition du livre

---

(1) *Nos droits à Madagascar,* par R. Saillens. Préface par M. F. Passy. p. viii.

incriminé, M. Georges Perin, qui n'est pas, d'ailleurs, que je sache, suspect de *méthodisme*. Nous trouvons cette même thèse, résumée par le même député dans son discours du 27 février 1880 en ces mots : « Madagascar n'est pas une terre française. Si Madagascar était une terre française il n'y aurait qu'une voix pour réclamer les crédits nécessaires à cette revendication ; » et l'orateur continue en montrant que des prétentions élevées, fût-ce depuis Richelieu, des expéditions entreprises et abandonnées, des protectorats proclamés et non suivis d'effet, ne constituaient pas un droit à la possession, même d'une terre barbare.

M. de Mahy accuse M. Saillens de défendre dans son livre les vues de la politique anglaise. C'est la plus incompréhensible des accusations dont ce livre ait été l'objet. Il est vrai que l'auteur, tout en reconnaissant que les liens intimes qui unissent les missionnaires anglais aux Hovas ont entraîné parfois ces missionnaires à une intrusion, qu'il déplore, dans la politique des indigènes, ne croit pas que cette intrusion soit un fait général. Il est vrai qu'il ne se croit pas obligé d'admettre par patriotisme tous les commérages qui se débitent à Tamatave, à la Réunion et ailleurs, sur le compte des missionnaires anglais, comme celui d'après lequel la Société des Missions de Londres, société soutenue par des Églises qui ont pour principe une indépendance absolue à l'égard de l'Etat, recevrait une subvention du gouvernement anglais pour Madagascar ! Il est vrai que M. Saillens ne croit pas à cette ridicule histoire d'un missionnaire Shaw, rééditée ici le 15 avril, après avoir été démentie à la tribune de la Chambre des députés par notre gouvernement, lequel se trouverait, d'après M. de Mahy, avoir donné 25,000 fr. de récompense à un missionnaire anglais, pour avoir tenté d'empoisonner nos soldats ! Mais est-ce donc faire acte de sympathie pour la politique coloniale anglaise, que de ne pas admettre, bouche béante, toutes ces histoires ? Et surtout est-ce défendre cette politique que de conclure, comme le fait M. Saillens, par ce mot que M. de Mahy a soigneusement passé sous silence : « Ce sont là les meilleurs moyens (les moyens pacifiques opposés aux moyens violents) qui se puissent employer pour faire de Madagascar ce qu'on l'appela jadis et ce qu'elle sera un jour pour le bonheur du noir continent : une FRANCE ORIENTALE. »

Et voilà le livre que M. de Mahy dénonce à l'indignation de nos vrais patriotes, et sur lequel il s'appuie pour flétrir ces protestants français qui, à Madagascar, sont « avec les Anglais contre la France » !

Il est vrai que M. de Mahy a affirmé que le livre de M. Saillens, aussitôt traduit en anglais, avait été envoyé par ballots à Madagascar et répandu parmi les Hovas, qu'il avait encouragés à la résistance, en leur donnant à croire que la France était lasse de la lutte. Ah ! ici je l'avoue il y avait de quoi émouvoir, je ne dirai pas les protestants français qui, encore une fois, ne sont pas mis en cause par la publication de M. Saillens, mais les adversaires de la politique de la violence en matière coloniale ; car si nous avons le devoir de nous dire virilement les uns aux autres ce que nous croyons être la vérité, même en matière de politique extérieure, nous n'avons nullement l'obligation de prendre pour confidents de cette vérité ceux auxquels, à tort ou à raison, nous faisons la guerre. Aussitôt après la conférence du 15 avril j'ai donc pris, et à la meilleure source, des informations sur ce point. J'ai écrit à M. Alexander, très au courant de ce qui touche le livre de M. Saillens et ses destinées. M. Alexander m'a répondu que peu de temps après l'apparition du livre de M. Saillens, un journal de Tamatave, le *Times de Madagascar* avait publié, en français et en anglais, des extraits étendus de ce livre. Ce journal, ajoute-t-il, est rédigé par un Italien, M. Tecchi (un catholique, très probablement), sans aucunes relations avec aucune des sociétés missionnaires qui travaillent à Madagascar. « Je ne sais absolument pas, écrit en terminant M. Alexander, comment ce livre a pénétré dans ce pays. Aucune autre traduction en anglais n'en a été faite. » Nous voilà loin, comme vous le voyez, des ballots dont nous parlait M. de Mahy et de la propagande, passablement odieuse, dans laquelle M. de Mahy semblait attribuer à des protestants français au moins une bonne part de responsabilité.

Voilà, Mesdames et Messieurs, quels arguments M. de Mahy a invoqués pour faire de certains protestants français les défenseurs occultes, en France, de la politique *anglaise* à Madagascar !

Je ne pense pas, en effet, que j'aie à m'occuper ici d'une certaine préface, dont M. de Mahy a fait grand bruit et dont il aurait bien dû marquer la date, car elle a été écrite en 1873, c'est-à-dire près de dix ans avant que la question de Madagascar existât pour nous. L'auteur de cette préface est un honorable pasteur de Marseille, mort il y a plusieurs années, M. Horace Monod. Il y est question de « l'influence française » et de « l'influence anglaise » à Madagascar. Il est heureux, déclare l'auteur, que celle-ci ait prévalu sur celle-là. La phrase est malheureuse et nous pourrions nous borner à remarquer, ce qui d'ailleurs est évident, qu'elle n'engage que son auteur. Mais il n'est que juste d'observer — ce que M. de Mahy se garde bien de faire — que l'auteur fait la plus expresse réserve sur le côté politique de la question ; qu'il se place exclusivement, il a soin de le dire, au point de vue du bien des Malgaches, et enfin que pour lui, à tort ou à raison, au moment où il écrit (et il l'exprime en toutes lettres) ces mots « influence anglaise » et « influence française » signifient d'une part l'influence du « christianisme évangélique » et de l'autre l'influence du « christianisme de Rome » (1) qui se trouvait être représenté à Madagascar par des jésuites français.

Cette préface n'a donc rien à voir dans notre débat. Mais, à ce propos, j'oserai dire à l'honorable député de la Réunion et à ses amis : Prenez garde ! Vous ne voulez pas, et vous avez cent fois raison, que les questions religieuses se mêlent aux questions politiques et menacent de les troubler, en ce qui touche, en particulier, la politique coloniale de la France ; vous vous indignez à la pensée de Français qui seraient hostiles à l'extension du domaine colonial de leur patrie, quand cette extension porterait ombrage à l'ambition d'une puissance étrangère dans laquelle dominerait le culte qui est celui de ces Français. Nous nous indignons comme vous, à cette pensée. Seulement nous vous disons : Ne mêlez pas

---

(1) *Madagascar et ses habitants*, par Sibrée, traduit de l'anglais. Préface, p. viii.

vous-mêmes ce que vous voulez à bon droit que nous séparions. Unissez-vous à nous pour réclamer, partout et toujours, dans les colonies comme en France, pour les croyances, la seule chose que les croyances aient le droit de réclamer de la part du gouvernement, c'est-à-dire la liberté ; et, tout en nous raillant agréablement de ce que nous croyons voir partout dans nos colonies, le fantôme du jésuitisme et du jésuitisme protégé, et cela, dites-vous, après l'article 7, après l'établissement de l'école laïque, après la dissolution des ordres religieux, n'allez pas vous, libres penseurs en France, faire du cléricalisme dans nos colonies ; n'allez pas, ou plutôt n'allez plus contre-signer par vos préfaces élogieuses, des livres qui, comme celui de M. Raoul Postel, demandent nettement une « subvention » du gouvernement français pour les jésuites, à Madagascar ! (1)

J'ai le droit de conclure, maintenant, car vous avez pu juger de l'inanité des arguments que M. de Mahy fait valoir pour nous jeter à la face ces accusations indignes. La conspiration qu'il est venu dénoncer ici, et ailleurs, n'a jamais existé, même en germe, que dans son imagination. Là où M. de Mahy a voulu voir une action tantôt occulte, tantôt avouée, d'une fraction du protestantisme français en faveur d'une politique coloniale étrangère, nous n'avons trouvé, et je défie qui que ce soit de trouver autre chose, que le droit, librement et ouvertement exercé par des citoyens libres d'un pays libre, de professer et de propager dans leur pays, en matière de politique coloniale comme en toute autre matière, l'opinion qui leur parait être la plus conforme à la justice et à la grandeur de leur patrie.

Seulement, et c'est par là que je veux terminer, il y a bien des manières de concevoir la grandeur de la patrie. Il y a, en particulier, deux manières très opposées d'entendre et de pratiquer la politique coloniale, tout en reconnaissant des deux parts, le grand intérêt qu'il y a, pour la France, à reconstituer le beau domaine de colonies qu'elle avait autrefois, et que tant de fautes lui ont fait perdre. En d'autres termes, il y a en présence deux politiques coloniales entre lesquelles il faut choisir.

(1) Madagascar, par Raoul Postel, page 200

Il y a la politique coloniale de la *curée*. Il y a celle qui dit :
Il me faut ces terres, je les prends, et s'il y a des hommes sur
ces terres, tant pis pour eux ! Pourquoi leurs terres produi-
sent-elles le coton ou le bois qu'il me faut et contiennent-elles
la houille qui me serait nécessaire ! Et cette politique trouve
toujours aux faibles des griefs et aux forts des droits qui per-
mettent aux forts d'écraser les faibles avec toutes les apparences
de la justice.

Cette politique-là, nous la repoussons de toute notre âme.

Nous la repoussons parce qu'elle n'est pas juste. Si je parlais
dans une autre enceinte et si je ne tenais pas à respecter scru-
puleusement le caractère laïque du lieu où nous sommes,
j'ajouterais qu'elle n'est pas chrétienne; ici, en face d'hommes
dans lesquels je ne vois que des concitoyens, j'ajoute : Elle
n'est pas française, et elle n'est pas républicaine. Oui, il faut
que les hommes qui la soutiennent le sachent bien : en la sou-
tenant, ils rompent, sur un point tout au moins, avec les plus
nobles traditions du génie français et de cette Révolution qui
a inscrit sur son drapeau, non pas les droits du Français, mais
les droits de l'homme, et qui a bien montré qu'elle tenait le
noir pour un homme aussi, en donnant à la France l'honneur
d'être la première nation de l'Europe qui ait proclamé l'aboli-
tion de l'esclavage dans ses colonies.

Mais il y a une autre politique coloniale que celle que je
viens de définir. Celle-là reconnaît des droits à tous les hommes, même aux plus dégradés. Elle met son honneur à les
relever. Elle les initie aux richesses de leur propre sol; elle
leur apprend à en tirer parti. Elle forme avec eux d'amicales
alliances ; elle fait avec eux des échanges. Ces échanges leur
apportent la prospérité ; ils enrichissent aussi la mère patrie et
procurent à ses enfants un pain d'autant meilleur qu'il n'est pas
le fruit d'une injustice.

Et cette politique-là n'est pas une chimère ! C'est celle que
cinq mille de nos concitoyens applaudissaient, il y a un an, au
Cirque d'hiver, en écoutant cet admirable explorateur, cet offi-
cier héroïque et humain qui s'appelle M. de Brazza. Stanley
a bien pu s'en moquer parce qu'il l'avait rencontré au cœur de

l'Afrique à bout de ressources, en haillons et sans souliers. Mais cet homme en haillons et sans souliers nous a donné, sans verser une goutte de sang, un territoire presque aussi grand que la France. Il nous a acquis aussi un autre trésor et qui a bien son prix, je veux dire l'amour de ces malheureux noirs qui vivaient de la chasse à la bête et de la chasse à l'homme, qui commencent à travailler maintenant, et pour lesquels le drapeau de la France signifie, ce qu'il devrait signifier partout, non point une menace mais une protection, non point l'oppression mais la liberté.

Voilà la politique coloniale que nous voulons, au Congo, à Madagascar et ailleurs. Je ne dis pas *nous*, protestants français, — je n'ai pas l'outrecuidance de revendiquer pour nous seuls un tel honneur — je dis nous, citoyens français, qui entendons rester fidèles, dans notre pays et partout, au vrai génie de la France et ne jamais séparer, ni dans nos cœurs ni dans notre politique, les droits de la patrie et les droits de l'humanité.

C'est sur ce terrain que nous voudrions convier tous nos concitoyens, y compris l'honorable député que nous avons le regret de combattre aujourd'hui. Il comprendra, nous l'espérons, que c'est bien mal servir la cause de l'extension de la France au dehors, que de s'en aller répandre entre des citoyens français, également dévoués à leur commune patrie, des suspicions dont aucune conquête lointaine, si légitime qu'elle fût, ne saurait compenser les conséquences !

DISCOURS DE M. FRANK PUAUX

Mesdames, Messieurs,

Je m'étonne en me voyant amené à défendre ce soir devant vous le patriotisme des protestants français. Rien de plus douloureux, rien de plus pénible que de venir affirmer son dévouement à un pays comme la France, quand, au fond du cœur, on est si jaloux de sa gloire et de sa puissance. Si ceux qui nous accusent pouvaient savoir à quel point ils nous blessent injustement, sans doute se montreraient-ils plus réservés.

Je détesterais cependant ma parole si elle trahissait un sentiment d'animosité contre un homme comme M. de Mahy. Il sait quelle est mon estime pour son caractère et comment je vois en lui un des plus fermes défenseurs de la République. Dans ma conviction intime, M. de Mahy est aujourd'hui la victime de la plus étrange, de la plus dangereuse des illusions. Je viens donc simplement, mais tristement, accomplir ce que je considère comme un devoir.

Vous avez entendu, mon ami M. le pasteur Hollard, reprenant les accusations portées contre le protestantisme français, en prouver l'injustice et le mal fondé ; je voudrais, pour ce qui me regarde, en opposition à ces accusations, montrer les protestants français, aussi fiers que leurs adversaires de la grandeur de la patrie, et dans la faible mesure de leurs forces, travaillant pour étendre son influence à l'étranger. C'est contraints et forcés, mais justifiés par une légitime défense, que nous en arrivons à parler de ce que les nôtres ont fait. Mais quand un injuste silence sur ces faits est si habilement gardé, le rompre est un droit.

Comme M. de Mahy, comme tant de protestants français, je suis un partisan résolu de l'expansion coloniale, je crois qu'un grand pays comme le nôtre se doit à lui-même, doit à son avenir, d'avoir un empire colonial.

Et cependant, Messieurs, nous sommes accusés de vouloir l'abandon de nos colonies aux Anglais. Je n'invente rien : certes, je ne rends pas M. de Mahy solidaire de ces accusations que je flétris, mais elles s'étalent dans le journal *Madagascar*.

Ici il faut citer :

« Ce ne sont pas les protestants anglais mais certains protestants français qui nous font le plus de mal. Le mot d'ordre de ces fanatiques est l'abandon de nos colonies aux Anglais. »

» A Madagascar, aux Nouvelles-Hébrides, à Rapa, à Terre-Neuve, au Tonkin, aux Iles-sous-le-Vent, partout c'est la même politique antipatriotique que l'on voudrait faire triompher. »

Et plus loin il est parlé des *protestants français* que le fanatisme rend traîtres à leur patrie (1).

Si je relève ces tristes paroles, c'est qu'elles sont le compte rendu d'une discussion qui a eu lieu à la conférence Molé-Tocqueville. Qui eût cru que ces deux grands noms, symboles de droiture et de justice, eussent pu être associés jamais à des accusations si odieuses.

Ceux qui écrivent ainsi ignorent peut-être le mal qu'ils font en blessant comme en outrageant des Français, qu'ils désignent ainsi à la haine de leurs compatriotes. Il faut cependant relever cette accusation qui va jusqu'à dire que certains protestants français veulent l'abandon de nos colonies aux Anglais. Voilà donc jusqu'où peut descendre la passion de l'esprit de parti. A cette affirmation téméraire, j'oppose la dénégation la plus absolue ; à cette accusation vague qui ne désigne personne mais qui laisse la calomnie se répandre sur tous, je vais répondre par des faits.

Le mot d'ordre est l'abandon de nos colonies aux Anglais, et on cite Rapa, comme devant, dans la pensée de ces protestants français, être cédé à l'Angleterre. Il y a, en effet, une

____

(1) *Madagascar*, décembre 1886.

question de Rapa, et l'année dernière à la Chambre des communes, à propos des discussions, déjà bien anciennes, soulevées par des affaires de Terre-Neuve, comme des discussions plus récentes amenées par la question des Nouvelles-Hébrides, M. O. Morgan parla de l'éventualité d'une cession de l'île de Rapa à l'Angleterre.

Le lendemain du jour où cette communication fut connue en France, j'adressai comme délégué de l'Océanie française au Conseil supérieur des colonies, une lettre à M. le Président du Conseil pour lui demander d'écarter par une fin de non recevoir une telle proposition.

Vous me pardonnerez de me mettre ainsi en avant, mais la faute en est aux circonstances. Je rappelai que la France seule dominait dans l'Océanie orientale et qu'à aucun prix on ne devait permettre à l'Angleterre d'y prendre pied, car ce serait engager l'avenir de la manière la plus dangereuse et compromettre notre puissance dans cette partie du Pacifique.

J'accumulai les raisons pour montrer la jalousie avec laquelle la France devait veiller à écarter toute influence étrangère de notre archipel Tahitien.

Est-ce là une politique de fanatique qui veut l'abandon de nos colonies à l'Angleterre; est-ce là servir par haine sectaire les vues politiques de l'étranger? Le journal *l'Univers* ne le pensait certainement pas quand il reproduisait cette lettre. Certes, je crois avoir agi en Français, mais sans rien renier de mes convictions religieuses (1).

(1) On nous permettra de donner le texte de cette lettre comme pièce justificative :

« Monsieur le Président,

La question des Nouvelles-Hébrides a amené ces jours derniers M. Osborne Morgan, sous-secrétaire d'État aux colonies, à faire à la Chambre des communes une déclaration où était posée l'éventualité d'une cession de l'île de Rapa à l'Angleterre. Il n'est que trop facile de comprendre l'importance que le gouvernement anglais attache à la possession de cette île, qui départage d'une manière si heureuse la distance qui sépare la Nouvelle-Zélande de Panama. C'est un point commercial bien situé, favorisé par un excellent mouillage, avec des eaux abondantes, où le ravitaillement en vivres est aisé; aussi la cession de cette petite île, cession insignifiante en apparence, aurait-elle pour l'influence comme pour le commerce de l'Angleterre des résultats considérables, en lui assurant à brève échéance le monopole de toutes les transactions dans l'Océanie orientale.

On a parlé aussi des Iles-sous-le-Vent; là encore, si on devait en croire le *Madagascar*, les protestants français voudraient faciliter les vues ambitieuses de l'Angleterre et lui permettre de s'emparer de cet important archipel qui ne peut et ne doit appartenir qu'à la France.

Je pourrais répondre par ces simples mots : Le contraire est le vrai; mais dans ce débat où nous nous trouvons sans cesse en présence d'accusations d'un vague extrême, il importe de préciser et d'aller aux détails.

Le groupe des Iles-sous-le-Vent, dépendance naturelle de Tahiti, depuis la convention de 1847, signée entre la France et l'Angleterre, conserve son indépendance; mais par suite de la position de ces îles et de leur importance commerciale, il n'est pas admissible qu'elles puissent réclamer la protection d'une puissance étrangère. Un jour vint où la plus importante de ces îles, Raiatéa, demanda le protectorat de la France. Si un tel résultat avait été obtenu, à qui était-il dû? Sans doute à l'habileté et à la sagesse avec laquelle l'honorable commandant Chessé avait conduit les négociations; mais comme il l'a reconnu hautement lui-même, à l'appui et au concours qu'il avait trouvés dans les missionnaires protestants français établis à Tahiti.

Il rendait un hommage bien significatif à ce dévouement patriotique quand il demandait au ministre de la marine la croix de la Légion d'honneur pour M. Viénot.

M. Chessé, dont le nom restera attaché et d'une manière si

» ... Ce serait surtout, si une telle négociation pouvait aboutir, mettre entre les mains d'une grande puissance maritime un de nos meilleurs ports de l'Océanie, où elle ne tarderait pas à créer un arsenal important, qui ferait de Rapa un poste d'observation de premier ordre et un port de refuge dont il est inutile de marquer l'importance, puisque l'Angleterre n'en possède aucun dans l'Océanie orientale. On ne saurait oublier que le drapeau français flottant seul dans toute cette partie du Pacifique, il ne serait ni prudent ni politique d'y laisser paraître d'autres couleurs.

» Comme délégué de l'Océanie française, assuré de représenter fidèlement les intérêts de la colonie, je vous prie de comprendre les sentiments auxquels j'obéis en vous demandant de maintenir l'intégrité de notre France océanienne en écartant les propositions du gouvernement anglais.

» Veuillez agréer, etc...

» FRANK PUAUX,
» Délégué de Tahiti.

» Paris, juin 1886. »

honorable à l'annexion de Tahiti à la France, avait compris les dangers d'une politique qui provoque les passions religieuses, et par son esprit de justice il avait su gagner à la cause française les missionnaires anglais eux-mêmes. Et si je cite ce fait, c'est que l'honorable M. Chessé l'a fait connaître cette année dans une séance de la Société de géographie commerciale, où il a rappelé que M. Green, missionnaire de la Société de Londres, lui avait prêté aux Iles-sous-le-Vent le concours le plus dévoué.

J'ajoute enfin que, toujours fidèles à cette ligne patriotique, ces mêmes missionnaires protestants français, en faisant aimer et respecter la France, travaillent aujourd'hui à assurer sa légitime influence aux Iles-sous-le-Vent.

Est-ce donc là une conduite de nature à justifier les attaques dont les protestants sont l'objet?

On parle de Madagascar; à entendre M. de Mahy et ses amis, le grand obstacle à la réalisation de ses projets, c'est le méthodisme international. Je ne reviens pas sur l'éloquente défense présentée par M. le pasteur Hollard, mais j'affirme simplement qu'il y a des protestants français qui ont fait tout ce qui était en leur pouvoir pour aider l'honorable M. Le Myre de Villers dans sa grande et difficile mission.

Et il leur suffit de se savoir assurés de l'estime de ceux qu'ils ont voulu seconder dans leur œuvre, pour se placer bien au-dessus des malheureuses attaques qu'il leur faut relever.

J'ai eu l'honneur de le dire à M. de Mahy : « Vous êtes victime d'une illusion; si ces méthodistes français dont vous parlez avaient l'influence que vous leur attribuez, ne s'affirmeraient-ils pas dans cette grande lutte de la politique coloniale? Ils auraient tenté dans les Chambres de faire échec à vos projets; ils auraient mis en avant un avocat de leur cause; ils auraient déposé quelque pétition condamnant l'expédition de Madagascar. Mais vous ne pouvez l'ignorer, vous le savez, il n'en est rien, absolument rien; examinez les scrutins des votes sur la politique coloniale, les députés d'origine protestante ont-ils fait échec à la politique coloniale? Loin de là, et l'un d'eux, qui porte un nom illustre dans l'histoire de la patrie, l'honorable M. Boissy-d'Anglas, a prononcé un remarquable discours en faveur de la cause que vous défendez (1). »

Je n'ai rien dit qui puisse être pénible à l'honorable M. Boissy-d'Anglas ; mais j'ai voulu faire remarquer à quel point les illusions de M. de Mahy étaient grandes lorsqu'il dénonçait le méthodisme français comme l'allié de la politique anglaise à Madagascar.

Un mot encore, on voudrait laisser croire que nous agissons dans des sentiments que provoque la haine sectaire et qu'entretient le souvenir des cruelles persécutions qui ont frappé nos ancêtres. On nous a même reproché de nous être souvenus de la date deux fois séculaire de la révocation de l'Édit de Nantes, et d'avoir parlé de ceux qui sous le règne de Louis le Grand moururent « pour laisser vivre leur conscience ». Nous ne pensons à ce glorieux passé qu'avec respect, et nous avouons notre reconnaissance profonde pour les humbles martyrs qui, à l'heure où la France se ruait à la servitude, se levèrent, gardiens des nobles traditions de notre race, et refusèrent de se courber devant celui qui voulait que tous fussent de sa religion. Nous serions les derniers des ingrats si nous laissions dans l'ombre ce glorieux dévouement, et l'ingratitude, que je sache, n'est pas une vertu française.

Non, Messieurs, nous n'avons rien fait qui puisse mériter les accusations qu'il nous a fallu réfuter. Nous avons dans nos cœurs le même patriotisme que celui des exilés de la Révocation et nous demandons seulement à nos adversaires de se souvenir qu'à l'heure présente, toute division entre Français est coupable. Nous en appelons donc sans crainte à votre justice comme à votre loyauté, pour décider dans le débat qui vous est soumis.

(1) C'est à ce moment que M. Boissy-d'Anglas a interrompu M. Puaux pour dire « qu'il n'avait pas parlé comme protestant, mais comme Français, et que du reste il déclarait n'appartenir à aucune religion ». Les paroles de M. Puaux n'avaient rien de blessant pour M. Boissy-d'Anglas ; il estimait qu'à l'heure où le protestantisme français était si injustement attaqué, il pouvait évoquer le nom de Boissy-d'Anglas, du héros de Prairial, de l'ami du pasteur Rabaut-Saint-Étienne, fidèle à travers toute sa vie à ses croyances protestantes ; il ne peut que regretter son erreur.

DISCOURS DE M. BOEGNER

Directeur de la Maison des Missions

Messieurs,

Le terrain où je me placerai, pour répondre à mon tour à l'honorable M. de Mahy, est plus circonscrit que celui où se sont tenus les orateurs que vous venez d'entendre. M. Hollard a présenté la défense du protestantisme dans son ensemble; M. Puaux s'est renfermé dans la question coloniale. Je me placerai à un point de vue plus spécial, celui des Missions protestantes françaises que j'ai l'honneur de représenter parmi vous.

Ai-je besoin de dire que moi aussi je resterai sur la défensive, et que je m'interdirai toute parole agressive ou violente ? Je m'y efforcerai d'autant plus que nous désirons tous éclairer, et, si possible, convaincre notre adversaire. Je vais plus loin et j'ajoute que, dans cette question de la politique coloniale où, comme on l'a dit, les opinions sont libres, nous sommes beaucoup de protestants qui applaudissons à l'expansion extérieure de la France, pourvu qu'elle se concilie avec le respect des nationalités indigènes et de la liberté religieuse.

J'aurais peut-être le droit, Messieurs, de me borner à défendre nos missions protestantes nationales. Mais comment laisser passer les allégations de l'honorable M. de Mahy sur les missions protestantes anglaises ! En vérité je ne le puis pas. S'il s'était borné à mettre en cause telle ou telle personnalité, tel ou tel acte déterminé, je n'aurais rien à dire. Mais il a présenté des missionnaires protestants anglais une image si peu conforme à la vérité, que je suis tenu de protester. Il a dit textuellement que *tous les missionnaires anglais étaient des commerçants*. Il les a représentés comme étant des hommes avides, dissimulant, sous le voile du dévouement religieux, la poursuite de leurs propres intérêts et des intérêts de leur pays. Et ces accusations si graves, si générales, pas une restriction n'est venue les tempérer.

Messieurs, il est bien entendu que, pas plus que mes collègues, je ne me solidarise avec la politique anglaise. Cette politique, nous la jugeons avec une absolue liberté et parfois avec une sévérité plus grande que vous ne pensez. Il est entendu aussi que je ne prétends pas que le corps missionnaire anglais soit sans défaut. Il y a des brebis galeuses dans tous les troupeaux, et je ne doute pas qu'à Madagascar il n'ait été commis de la part de certains missionnaires, ou ex-missionnaires, des erreurs et des fautes. Ce que j'affirme, c'est que l'image du corps tout entier, telle qu'elle a été présentée, n'est pas conforme à la réalité, que c'est une véritable caricature et que les missions protestantes anglaises, imparfaites sans doute, comme toute chose humaine, ont cependant en plus d'une occasion, et aussi à Madagascar, bien mérité de l'humanité.

Ne prenons qu'une Société, cette Société de Londres, objet de vos accusations. Il y a un homme qui s'est acquis des titres immortels à la reconnaissance de tous les pays par ses découvertes géographiques et par les services qu'il a rendus à la cause de la civilisation et à la race africaine, un homme que toute Église et tout pays seraient heureux de pouvoir revendiquer. Cet homme, quelques-uns d'entre vous l'ont entendu nommer, il s'appelle modestement Livingstone. Or, c'est la Société de Londres qui a donné Livingstone à l'Afrique. Cette même Société a eu l'honneur de faire prononcer, en 1834, l'émancipation des esclaves dans la colonie du Cap. Enfin, voulez-vous savoir ce qu'un savant français, membre de l'Institut, disait en pleine séance des cinq académies sur l'action des missions protestantes à Madagascar:

« A mesure que s'est accrue leur puissance territoriale, les Hovas ont senti, au contact des Européens, qu'une société n'est point complète si la religion et l'instruction en sont absentes et que la patrie n'acquiert toute sa puissance, toute sa grandeur qu'avec de fortes institutions religieuses unies à de fortes institutions civiles ; car ces hommes, tout barbares qu'ils sont encore, ont une conception très nette et très haute de la patrie, de la terre des ancêtres, pour laquelle ils professent un vrai culte et qu'il veulent grande, qu'ils veulent forte.

» Aussi, après avoir longtemps repoussé toute idée de civilisation, les chefs, une fois bien convaincus de la supériorité de notre état social, qu'ils ont eu la rare intelligence d'apprécier à sa valeur, se sont-ils décidés à favoriser, à l'exemple de nos gouvernements, le développement de l'instruction chez le peuple, et ont-ils, du jour au lendemain, le 21 février 1869, et par un simple décret, substitué le christianisme aux superstitions fâcheuses qui, depuis des siècles, faisaient loi parmi eux.

» Cette révolution morale, qui date de dix-sept ans, a déjà produit des effets heureux, en améliorant la condition du peuple, et en produira de plus heureux encore avec le temps. Ce n'est pas que la morale chrétienne ait triomphé, en si peu d'années, de mœurs et de croyances séculaires : l'éducation et l'instinct, le devoir et l'intérêt se disputent le cœur des Hovas comme celui de tous les hommes, et ce sont les passions mauvaises qui, chez eux, sont toujours les plus fortes. Cependant, si l'on compare le présent à un passé que bien peu d'années séparent de nous, on ne peut nier qu'une ère nouvelle et meilleure s'est ouverte pour Madagascar. Le progrès est réel. On n'est plus, en effet, à ce temps, encore si triste et dont j'ai été le témoin attristé, où le mensonge, l'ingratitude, la trahison, l'assassinat, n'inspiraient aucune horreur, où les crimes les plus odieux s'étalaient impudemment au grand jour comme des actes louables...

» Ces mœurs barbares se sont peu à peu modifiées sous l'influence bienfaisante des idées chrétiennes, et l'état social tend à changer, au plus grand avantage de la population tout entière. Certes, les Hovas n'ont point encore cet esprit de dévouement et de devoir, ce sentiment du droit, ces pensées généreuses qui font la force et la grandeur de nos nations, mais ils en comprennent la valeur et, lorsqu'ils font le mal, ce n'est plus aussi ouvertement que par le passé : ils se cachent, rendant ainsi hommage à la vertu. C'est le commencement de la sagesse et de la civilisation. » (1)

Avouez que voilà un tableau de l'influence des missionnaires bien différent de celui que vous avez eu sous les yeux il y a quinze jours. Et ce témoignage, je le répète, est celui d'un témoin oculaire, d'un savant français, M. Grandidier.

Messieurs, j'arrive à la partie principale de ma tâche, la défense de nos missions protestantes françaises. Je sais bien que l'honorable M. de Mahy ne les a pas incriminées ici il y a quinze jours. Mais il l'a fait ailleurs ; il l'a fait à la tribune de la Chambre des députés ; on l'a fait sous son couvert dans des conférences, dans des journaux. Il y a donc lieu de lui répondre, et je le ferai en prouvant que partout et toujours, depuis son origine jusqu'à maintenant, notre Société a obéi dans la mesure du possible à la préoccupation patriotique.

Remarquez que je ne dis pas, Messieurs, que cette Société ait mis son influence au service de la politique. Si je l'avais dit vous m'auriez arrêté et vous m'auriez demandé si tel est bien le rôle d'une œuvre religieuse. Et vous eussiez eu raison, Messieurs, de me faire cette objection. La tâche d'une Société comme la nôtre est une tâche avant tout religieuse, morale, philanthropique et qui se résume en un seul mot, l'apostolat. En l'oubliant, en laissant se perdre quelque chose de la sainte indépendance de notre action, nous eussions mérité la réprobation de tout homme de sens droit.

Mais, cette restriction faite, je soutiens que, chaque fois que cela lui a été possible, notre Société a fait entrer en ligne de compte la préoccupation patriotique.

C'est, Messieurs, de la conquête d'Alger, en 1830, que date à proprement parler notre expansion coloniale moderne. Avant cette date, il ne reste plus à notre pays que des débris de ses anciennes possessions d'outre-mer. C'est aussi après la prise d'Alger que notre Société se met en devoir de former des missionnaires pour l'Algérie. Malheureusement, on apprend au bout d'un certain temps que l'Algérie reste fermée aux missionnaires ; que, par mesure de prudence, le gouvernement lui-même y interdit toute propagande. Il faut alors en rester au champ de travail qui s'ouvre largement devant les Sociétés de mission : l'Afrique méridionale. Mais l'Afrique méridionale est vaste ; où ira-t-on s'établir? Dans la Colonie, chez les Anglais ? Non pas ; on cherche une terre vierge, entièrement indépendante de toute influence européenne, et on la trouve dans le pays des Bassoutos qui n'a été placé sous le protectorat anglais que de longues années plus tard.

Et là, dans quel sens s'exerça notre action ? Dans le sens des intérêts des indigènes et jamais autrement. Quand il faut les sauver de la main des Boers, les missionnaires leur viennent en aide. Quand il faut les défendre d'une agression injuste du gouvernement colonial du Cap, les missionnaires se mettent encore du côté des indigènes et cherchent par leur intervention à ménager une solution favorable aux pourparlers qui suivent la lutte.

Et quel est le résultat de cette action ? Les indigènes, politiquement rattachés à l'Angleterre par le protectorat, ont appris des missionnaires à aimer, à respecter, à bénir le nom de la France, qu'ils considèrent comme synonyme de bonté, de générosité, de charité. C'est là une conquête qui, pour être toute morale, n'en est pas moins précieuse pour notre patrie, et le gouvernement l'a reconnu en nommant M. Casalis, ancien missionnaire des Bassoutos et directeur honoraire de la Maison des missions de Paris, chevalier de la Légion d'honneur, en motivant ainsi le décret de décoration : *A contribué, par ses missions, à répandre l'influence française en Afrique.*

Je pourrais, Messieurs, vous montrer sur d'autres points encore le nom français honoré, en dehors de nos colonies, par nos missionnaires. Nous avons depuis quelques années une mission au nord du Zambèze. Lorsque le fondateur de cette mission se mit en route, un de ses collègues de l'Afrique méridionale écrivait, non sans un mélange de tristesse : « Sans le savoir, la France aura, elle aussi, ses quelques pionniers dans les solitudes africaines, et il ne sera pas dit qu'elle reste en arrière dans le grand mouvement scientifique que produit le désir de connaître enfin ce qu'il y a derrière le rideau de marécages et de montagnes qui, jusqu'à présent, a séparé le centre de l'Afrique du reste du monde.

La France, Messieurs, apprit un jour le nom d'un de ces pionniers. Lors de la grande séance où le major de Serpa Pinto rendit compte de son voyage à travers l'Afrique, l'auditoire qui remplissait l'amphithéâtre de la Sorbonne, apprit avec étonnement que le hardi explorateur devait la vie à un missionnaire français, M. Coillard. Ce nom de Coillard surprit tout le monde. Qu'était cet inconnu? C'était, Messieurs, un des missionnaires de notre Société. Sous la hutte du missionnaire protestant Coillard, le grand voyageur portugais avait trouvé l'hospitalité de la France.

Mais il est temps, Messieurs, d'en venir à celles de nos missions qui se poursuivent sur terre française. Car des jours vinrent où il fut possible à notre Société de donner cours à son patriotique désir de travailler à l'abri du drapeau français. Deux œuvres lui fournirent, il y a environ vingt-cinq ans, l'occasion de satisfaire à ce désir; notre mission tahitienne et notre mission au Sénégal.

M. Puaux vous a parlé de Tahiti qu'il représente plus spécialement ici. Je n'ajoute rien à ce qu'il a dit à ce sujet.

Quant à notre mission au Sénégal, quelle réponse à ceux qui nous représentent comme hostiles à l'expansion coloniale du pays !

Écoutez les termes dans lesquels notre Rapport de 1861 explique notre entrée dans cette colonie :

« Notre coreligionnaire, M. Jauréguiberry, après avoir eu le commandement de Saïgon, a été nommé gouverneur du Sénégal. Il est là depuis plusieurs mois, et son âme s'émeut chaque jour à la vue de l'ignorance et de la dégradation morale d'un million de païens placés sous sa dépendance. Dieu, en remettant leur sort terrestre en de telles mains, n'a-t-il pas voulu nous faire comprendre que le moment de pourvoir à leurs besoins spirituels est venu pour nous? Quand aurons-nous une occasion plus favorable de commencer à éclairer des populations idolâtres qui, se trouvant sous le même gouvernement que nous, ont assurément le premier droit à notre intérêt? Une seule chose pourrait nous arrêter, c'est l'état de nos fonds, qui est fort embarrassant, ainsi que vous le verrez tout à l'heure par les comptes de M. le trésorier. Mais lorsque les indications de la volonté de Dieu paraissent si claires, faut-il refuser de les suivre par crainte de tenter sa providence? La voix du devoir peut-elle se taire devant celle de la prudence humaine? Assurément non, et c'est ce que votre Comité a reconnu. Les élèves de votre Maison des Missions ont également compris qu'une part d'initiative leur revenait dans cette conjoncture inattendue. Malgré les dangers du climat plus d'un d'entre eux réclame l'honneur d'aller sur les rives du Sénégal arborer l'étendard de la croix à côté de celui de la France. Nous avons donc résolu, Messieurs, d'entrer dans ce champ de travail. »

Faut-il une démonstration plus forte de notre patriotisme que la déclaration que vous venez d'entendre? Il en est une, Messieurs : celle des faits, toujours plus éloquents que les paroles. Ecoutez cet extrait des annales de notre mission sénégalaise.

En 1805, le premier missionnaire, M. Jaques, est obligé de rentrer en Europe, en partie pour cause de santé.

M. Andrault qui lui succède se voit forcé, après plusieurs années d'efforts, de s'en retourner lui aussi en France avec une santé à peu près ruinée.

Deux jeunes missionnaires, MM. Lauga et Guindet lui avaient été successivement adjoints. Le premier meurt d'une insolation, le deuxième succombe à la fièvre jaune.

Plus tard, un autre ouvrier, le missionnaire Golaz, s'embarque encore pour Saint-Louis et quelques mois après, le même courrier nous apporte la nouvelle que lui, sa femme et son enfant nouveau-né ont succombé, dans l'espace de peu de jours, à la terrible épidémie de fièvre jaune qui décima il y a quelques années la colonie.

Croyez-vous que cette nouvelle ait diminué notre amour pour

le Sénégal? Nullement. Nous eussions décidé de supprimer cette mission si coûteuse que nous en eussions été empêchés par les offres de service qui ne nous ont jamais manqué. En ce moment même nous avons parmi nous, dans cette salle, un missionnaire du Sénégal, M. le docteur Morin, membre de cette famille Monod, objet de vos attaques. Il est venu nous demander des renforts ; il en aura certainement.

Que prouvent, Messieurs, ces sacrifices, sinon ce patriotisme que l'on conteste? Car enfin, ne l'oubliez pas, nous sommes peu de protestants en France. Pour cinquante missionnaires que l'Eglise catholique peut mettre en ligne, nous ne pouvons, nous, en fournir qu'un. Notez d'autre part, qu'ailleurs, dans l'Afrique méridionale par exemple, où le climat est plus sain, chacun des hommes qui sont tombés au Sénégal eût pu fournir une longue carrière, fonder des Eglises, produire en un mot une grande somme de travail, et vous jugerez que nous avons fait, que nous faisons encore de grands sacrifices pour nos colonies.

Ces faits sont connus, nos efforts et nos sacrifices à Tahiti et au Sénégal chacun peut les mesurer. Ceux qui ferment volontairement les yeux à l'évidence n'en diront pas moins que nous sommes indifférents aux intérêts de la patrie. Allez, braves jeunes gens que l'idée de servir à la fois la cause de l'Evangile et celle de la France remplit d'enthousiasme ; allez consumer vos forces dans les luttes pénibles qui vous attendent à Tahiti, allez mourir au Sénégal ; fournissez ainsi la preuve de notre patriotisme : vous n'empêcherez pas qu'on vous représente comme les agents de l'étranger et qu'on ne nous dénonce, nous, vos directeurs, comme traîtres à la patrie.

Mais alors, direz-vous, pourquoi ne pas aller à Madagascar? C'est ici que l'on nous attend. Après ce que vous avez entendu, vous comprendrez, Messieurs, ce qu'il a fallu de forts motifs pour nous empêcher d'intervenir à Madagascar. Ces motifs, les voici en deux mots.

D'abord le moment où on a parlé de notre intervention. Ce moment, c'est celui de la guerre. On était en pleine lutte avec les Hovas. Plusieurs points de la côte étaient bombardés. Jugez de

ce qu'eût été l'intervention des missionnaires en ce moment
Elle eût été plus qu'inopportune. S'y résoudre c'eût été dé-
signer les missionnaires à la haine des indigènes, et vouer
leur ministère à un échec certain. Donc, impossibilité de faire
coïncider l'action religieuse avec l'action militaire, voilà la première raison de notre réserve.

Et voici la seconde, c'est la nature même de l'œuvre qu'il
s'agissait de faire. Les Hovas, au moins nominalement, sont
chrétiens. Je sais ce qui manque à leur christianisme, mais
enfin, c'est un fait : il y a là des Eglises organisées, ayant leur
gouvernement ecclésiastique, leurs assemblées, leurs pasteurs, etc. Or, nous sommes une Société de missions, c'est-à-
dire que nous avons pour objet la conversion des païens et non
le service d'Eglises déjà évangélisées. Sans doute, dans certains cas, comme à Tahiti, nous avons pu prendre la direction
d'Eglises fondées par d'autres que par nous ; mais c'est là une
tâche à laquelle une Société de missions ne se résigne que dif-
ficilement, et à Madagascar les circonstances étaient telles que
notre intervention eût fait plus de mal que de bien. Oui, je le
répète, parce que c'est ma conviction profonde, notre intrusion
dans les Eglises de Madagascar eût été funeste ; elle aurait pour
effet d'y engendrer des divisions religieuses, nous en avons eu la
preuve ailleurs ; en y consentant nous eussions donc rendu un
mauvais service à la patrie elle-même (1).

Je puis, d'ailleurs, vous donner la preuve que nous étions
prêts à offrir au gouvernement notre concours, dans la mesure
où nous le pouvons sans léser les intérêts de l'œuvre religieuse. Au cours de l'année dernière nous lui avons fait une
proposition au sujet de Madagascar. Ayant reçu avis qu'il
désirait charger un homme capable d'une enquête sur la situation religieuse au point de vue protestant à Madagascar, nous

---

(1) On a prétendu que les ouvertures faites à la Société des Missions avaient pour
objet non de solliciter son intervention parmi les populations protestantes de l'île,
mais de lui demander des missionnaires pour les païens malgaches, encore fort
nombreux dans les parties basses du pays. Une telle demande n'eut soulevé de notre
part aucune objection de principe et eut été acceptée sans autre réserve que celle des
limites que notre petit nombre et la faiblesse de nos moyens imposent à notre
action.   A. B.

avons eu la joie de mettre à sa disposition un pasteur très bien qualifié, M. H. Lauga, fils d'un de nos missionnaires de l'Afrique méridionale, frère d'un de nos martyrs du Sénégal. M. Lauga, était alors président d'un Consistoire dans la Dordogne ; il est maintenant pasteur de l'Eglise de Reims. Il n'hésitait pas à quitter sa famille et son Eglise pour faire l'enquête désirée. C'était de notre part et de la sienne une offre des plus sérieuses. Le gouvernement ne jugea pas à propos de l'accepter. Sans doute la situation à Madagascar ne lui semblait plus exiger une intervention de ce genre. Les choses en sont là, mais il va sans dire que nous restons, pour une action de ce genre, à la disposition du gouvernement, dans la mesure de nos possibilités.

J'ai hâte d'ajouter que si à Madagascar nous avons dû rester sur la réserve, l'expansion coloniale de ces dernières années n'en a pas moins eu son contre-coup bien marqué dans notre œuvre. Nous y avons répondu en renforçant toutes nos œuvres coloniales, et en en créant de nouvelles. Hier, nous prenions pied en Kabylie, donnant ainsi à nos anciens projets sur l'Algérie un commencement de réalisation. En ce moment même, en réponse à des ouvertures de M. de Brazza, nous préparons les éléments d'une mission au Congo. Moi-même j'ai eu le privilège de plaider la cause de cette mission nouvelle et j'ai vu les dons affluer, en réponse à nos appels, tant ils rencontraient d'échos dans les cœurs protestants!

Messieurs, j'ai fini ma démonstration. Je crois qu'elle est sans réplique. Je crois avoir prouvé que la préoccupation patriotique nous a toujours animés et que nous y avons répondu chaque fois qu'il nous a été possible de le faire, sans nuire aux intérêts de la cause que nous servons. Je puis donc dire en concluant : Respectez-nous ! Sans doute vous professez de le faire, je le sais; mais permettez-moi de le dire, nous avons le droit d'exiger plus que ce respect platonique qui ne vous empêche pas de nous adresser la plus grave des accusations. Nous avons le droit d'exiger votre respect, non seulement pour nos personnes, mais pour nos décisions. Nous avons donné assez de preuves de notre patriotisme pour qu'il vous soit défendu de le suspecter, même lorsque les décisions que nous prenons ne sont pas conformes à vos vues ou qu'elles heurtent votre politique particulière.

S'il faut, pour obtenir de vous ce respect, un dernier argument, je dirai : Respectez-nous, car nous sommes une minorité; et vous savez bien que les attaques qu'une majorité supporte facilement peuvent faire le tort le plus grave à une minorité. Nous sommes une minorité composée de deux débris, le débris de l'ancienne France huguenote et le débris du protestantisme alsacien qui, en 1871, a mis au-dessus de toute autre considération l'attachement à la patrie. Je représente ici ce débris. Le 2 août 1872 (excusez ce souvenir personnel), j'atteignais l'âge de vingt et un ans. Le 3 août au matin, j'optais pour la France. Je ne me doutais pas alors qu'un jour viendrait, quinze ans après, où je me verrais obligé par vos attaques de défendre le patriotisme des protestants français.

Et dans quel moment se produisent ces attaques ! Dans un moment où nous voyons se fermer devant nous les portes de l'Alsace. Le soir de votre conférence, je trouvais dans un journal le décret en vertu duquel il dépend désormais du bon plaisir d'un fonctionnaire subalterne d'accorder ou de refuser aux Alsaciens la permission de respirer l'air natal. Il est vrai que, pour me consoler, j'avais les souvenirs de votre conférence et cette réconfortante pensée que des actes où mes coreligionnaires et moi avons mis toute notre conscience, vous les dénaturez pour y trouver la preuve de notre complicité avec l'étranger.

En agissant ainsi, savez-vous ce que vous faites ? Vous apportez sans le vouloir votre concours à cette germanisation que vous redoutez autant que nous. Savez-vous un des arguments favoris de ses agents en Alsace ? Le voici : c'est qu'en France le protestantisme est traité d'étranger et n'a pas la liberté d'expansion dont il jouirait ailleurs. Cet argument nous a toujours fait hausser les épaules. Voulez-vous donc l'accréditer ?

Heureusement, et c'est mon dernier mot, cela n'est pas en votre pouvoir. Il n'est pas en votre pouvoir de nous ôter l'indépendance de notre action. Au grand soleil de la France libre, il y a de la place pour nous comme pour vous. Nous suivrons la ligne droite de nos convictions, même au risque de vous déplaire. Nous serions heureux que cette soirée eût servi à vous convaincre ; si nous n'avons pas réussi, nous n'en continuerons pas moins à agir dans la pleine liberté de notre conscience, et nous n'en serons pas moins tout ensemble, avec ou sans votre approbation, de bons protestants et de bons Français.

La parole ayant été demandée par plusieurs membres de l'assemblée, le président déclare qu'il ne peut la donner, la salle n'ayant point été concédée pour un débat contradictoire, que d'ailleurs les conférenciers d'aujourd'hui sont prêts à accepter. Il conclut par ces mots : « Nous avons le ferme espoir que nos loyales explications auront convaincu notre honorable contradicteur. Il est bien évident que désormais ses attaques prendraient un caractère beaucoup plus grave. »